GIDS VOOR HONDENTRAINING MET ELEKTRONISCHE HALSBAND

TRAINING MET ELEKTRONISCHE HALSBAND, TIPS EN METHODES, ALLES WAT JE MOET WETEN OVER HONDENTRAINING MET ELEKTRONISCHE HALSBAND

JACK E. GARRETSON

VERTALER: LEEN VERMEERSCH

advies geeft. De inhoud van dit boek is gebaseerd op verschillende bronnen. Vraag advies aan een gecertificeerde professional voor u de technieken beschreven in dit boek probeert toe te passen.

Door dit document te lezen, gaat de lezer ermee akkoord dat de auteur onder geen enkele omstandigheid verantwoordelijk is voor eventueel verlies, direct of indirect, veroorzaakt door het gebruik van de informatie die in dit boek is vervat, met inbegrip, maar niet beperkt tot, - fouten, weglatingen of onnauwkeurigheden.

Inhoudstafel

HOOFDSTUK 1. INLEIDING

Proficiat! Je nam de juiste beslissing door dit boek te kopen. Het kan natuurlijk ook zijn dat je het van iemand anders hebt geleend, maar hoe dan ook, je leest het. Dat is fantastisch! Je leest het omdat je meer te weten wil komen over hoe je honden kan trainen met een elektronische halsband, de King Arthur in de hondentraining: een sterk, legendarisch iets waarover zoveel mythes bestaan die alles overhoopgooien, waardoor je niet meer weet wat echt is en wat niet.

WAAROVER GAAT DIT BOEK?

Wees niet bang, vreemdeling! Ik zal je alles vertellen wat je moet weten. Of je nu helemaal niets weet over honden trainen met een elektronische halsband, of als dit een onderwerp is waar je je al in hebt verdiept, het zal in elk geval beter zijn als je dit boek leest. Dit is hoe we tewerk gaan: we starten met deze superhandige **inleiding**, dan nemen we gezwind de **basis** door, van een halsband kiezen tot hem gebruiken, dan maken we een sprongetje naar wat **meer gevorderde info**, zoals wat je moet doen als je hond bang wordt in plaats van te leren, en we eindigen bij **de grote vragen** waarop iedereen het antwoord wil weten. Spoiler alert - nee, je hond zal niet verbrand worden, hoe vaak Jerry van Reddit ook beweert dat hij brandplekken heeft gevonden door het gebruik van een elektronische halsband. Samengevat, dit boek is bedoeld als **ultieme gids voor alles wat met elektronische halsbanden te maken heeft**.

Waarover gaat dit boek niet?

Het is de bedoeling dat dit boek je helpt bij het maken van een **onbevooroordeelde, veilige keuze in verband met elektronische halsbanden**. Dit kan best een gepassioneerd gesprek opleveren, afhankelijk van met wie je erover spreekt. Je zal beslist mensen vinden die elektronische halsbanden loven alsof ze uit de hemel zijn komen vallen op een zilveren dienblad. Anderen vinden ze onmenselijk en wreed. Voor beide argumenten valt iets te zeggen en ik zal **beide kanten van het debat bespreken**. Het is niet mijn taak om jou te overtuigen er een te kopen of om je af te schrikken. Het is mijn taak om jou de feiten te geven en je zelf te laten uitzoeken wat je ermee doet. Oké? Oké.

Laten we dan, zonder verder omhaal, met de standaardinformatie starten. Als je al wat ervaring hebt, kan je meteen naar de volgende sectie gaan, maar ik begin langzaam zodat iedereen zeker kan volgen.

WAT IS EEN ELEKTRONISCHE HALSBAND?

Waarmee kunnen we beter starten dan met de voor de hand liggende vraag: **wat is een elektronische halsband**? Antwoord - een elektronische halsband is een halsband (dat kon je al raden) die je om de nek van je hond doet, net als een gewone halsband. Hij ziet eruit en wordt gebruikt als een gewone halsband, alleen heb je de mogelijkheid om elektrische schokken in variërende sterktes toe te dienen. Het is de bedoeling dat je de halsband gebruikt om **een hond te trainen**. Je kan de halsband - mocht je dat willen - ook op andere delen van het hondenlichaam gebruiken, maar de halsband is in de eerste plaats om de nek van de hond te vinden, net als een gewone halsband. Ik zal verder in het boek dieper ingaan op de details, maar dit is zowat de standaarddefinitie.

Welke benamingen gebruiken we?

Schokhalsbanden krijgen vaak heel veel verschillende namen. Voor dit boek zal ik het proberen eenvoudig te houden en niet te veel van die verschillende namen gebruiken. De meest gebruikte benamingen voor een elektronische halsband zijn: **schokhalsband, e-collar, elektrischeschoktrainingshalsband, remote-trainingshalsband, elektronische halsband met afstandsbediening, hondentrainingskraag, tack** enz. Is die lijst volledig? Helemaal niet! Je hebt misschien al benamingen gehoord die hier niet genoemd zijn, maar dit zijn de meest voorkomende.

Kan ik bij elke hond een elektronische halsband gebruiken?

Absoluut. **Hoe groot of hoe klein je hond ook is, er bestaat een elektronische halsband voor je viervoeter.** Je moet er wel voor zorgen dat je de **juiste halsband** koopt, maar daarover meer in het volgende hoofdstuk. Onthoud voorlopig gewoon dat er inderdaad voor elke hond een elektronische halsband bestaat. Ik herinner me dat ik eens gelezen heb over een of andere idioot die (totaal zonder succes) heeft geprobeerd er een te gebruiken bij een wilde wolf. Laat het duidelijk zijn dat ze enkel gebruikt mogen worden **bij huisdieren**. Je zou de halsband kunnen proberen te gebruiken bij andere dieren, maar hij is echt enkel en alleen bedoeld voor gedomesticeerde honden.

Zijn elektronische halsbanden duur?

Een gerechtvaardigde vraag. Tegenvraag - zijn auto's duur? Dat hangt af van het model. Je kan een sportwagen van een miljoen kopen die nooit van de snelweg gaat, of je kan een goedkope bestelwagen vinden van dertig jaar oud die nooit zo snel zal kunnen rijden als een sportwagen, maar nagenoeg onverwoestbaar is. Met andere woorden, **het hangt ervan af.** Verschillende modellen hebben verschillende sterktes en je kan er een kiezen op basis van wat best bij je situatie past. Maar over het algemeen worden ze steeds betaalbaarder. In het begin waren ze duur. Nu kan de gemiddelde persoon zich waarschijnlijk wel een veroorloven.

Waarom circuleren er zoveel geruchten?

Voor ik er effectief onderzoek naar begon te doen, dacht ik dat elektronische halsbanden de verschrikkelijkste dingen waren voor mijn hond. Ik hou zoveel van hem. Hij is een buldog en heet Bongo en hem pijn doen is het laatste wat ik zou doen. Alles wat ik hoorde was dat een elektronische halsband gebruiken alleen maar zijn mooie, rimpelige lijfje pijn zou doen. *Uiteraard* wilde ik er geen kopen. Ze veroorzaken immers brandwonden en geven elektrische schokken en kunnen je hond doden en je mag ze niet gebruiken in de regen anders kan je je viervoeter elektrocuteren en - tja. Stop hier maar en luister: **er worden zoveel geruchten verspreid omdat het het internettijdperk is en mensen nu eenmaal graag geruchten verzinnen.** Zo eenvoudig is het echt. Je zal mij niet horen zeggen dat er geen zweem van waarheid zit in wat mensen vertellen die er niet van houden, en verder in dit boek bespreek ik de argumenten tegen elektronische halsbanden, maar geloof me, die dingen zijn gemaakt om te helpen. De overgrote meerderheid van de geruchten zijn echt gewoon geruchten.

SAMENVATTING

Oké, je hebt de inleiding gelezen. Proficiat! Heb je nog vragen? Ja? Brute pech! Ik ben een schrijver die je nog nooit ontmoet hebt en ook nooit zal ontmoeten, dus ik hoor je vragen toch niet. Maar alle gekheid op een stokje, als je benieuwd bent, zal ik mijn uiterste best doen om alle mogelijke vragen te beantwoorden in de volgende hoofdstukken. Klaar? Let's go!

HOOFDSTUK 2. DE JUISTE HALSBAND KIEZEN

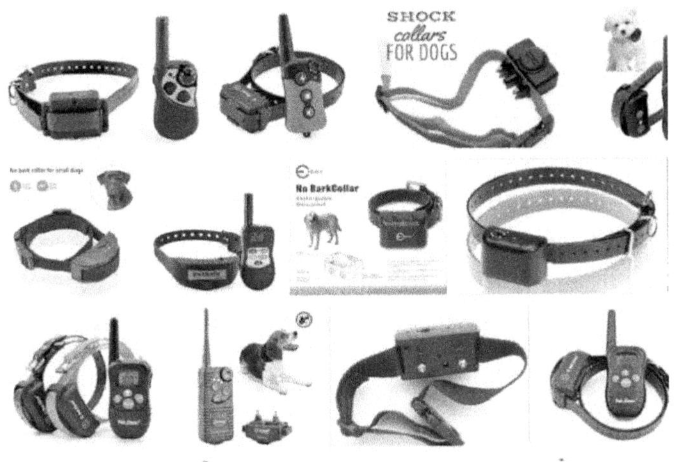

    Mythe: er bestaat maar een soort elektronische halsband. Namelijk dat groot, lomp apparaat dat je om Fifi doet en dat maar in een maat bestaat en dat je dus niet kan vertrouwen, want als het bedoeld is voor een Deense dog, dan is het zeker gevaarlijk voor je chihuahua. Feit: **er bestaan oneindig veel mogelijkheden** die allemaal aangepast zijn aan jouw individuele noden. Feit nummer 2: ik zal je helpen uitzoeken wat je nodig hebt voor jouw individuele noden, of je toch ten minste bewust maken van de verschillende opties die er zijn. Een tip: **kies op basis van kenmerken.** Niet alle halsbanden zijn op dezelfde manier gemaakt en sommige zullen kenmerken hebben die jou erg bevallen. Let vooral op de volgende kenmerken.

WELKE GROOTTE?

Zoals ik al zei, die halsbanden verschillen enorm qua grootte. **Koop een die nu past voor je hond.** Dus, als je een adolescente hond aan het trainen bent, zal hij of zij later een grote, sterke hond worden, maar je koopt toch best geen halsband op de groei. Dat is echt niet de bedoeling, net zoals je ook geen gewone halsband zou kopen die te groot is. De reden hiervoor is zoals je verwachtte: als hij te los zit, kan de halsband verloren raken of blijven haperen en zit hij te krap, dan kan je geliefde huisdier verstikken.

Een korte opmerking: ga niet improviseren. Je weet misschien ongeveer de maat van de nek van je hond, maar stap je plaatselijke dierenwinkel niet zomaar binnen om iets te kopen dat er ongeveer de juiste grootte uitziet, dit is echt belangrijk. **Meet de nek van je hond**

WELKE AFSTAND?

Elektronische halsbanden werken op afstandsbediening. Dit betekent het volgende: je ziet je hond knabbelen op een porseleinen kunstwerk van je teergeliefde tante May. Je wil niet dat je hond knabbelt op een porseleinen kunstwerk van je teergeliefde tante May, maar je bent te ver om er iets aan te doen. Gelukkig heb je een afstandsbediening! Activeer gewoon de afstandsbediening en er wordt een draadloze boodschap naar de halsband gestuurd. De halsband geeft je hond op zijn beurt een schok die zo sterk is als jij hebt ingesteld. Als jouw tuin drie meter diep is, heb je geen halsband nodig die op grote afstand bediend kan worden. Als je daarentegen je hond inzet bij het jagen, wil je een grotere afstand kunnen overbruggen. Sommige modellen werken tot op **anderhalve kilometer afstand**. Persoonlijk kan ik me moeilijk veel situaties inbeelden waarin je meer dan dat nodig zal hebben, maar er komt waarschijnlijk binnenkort een nieuwe versie op de markt die nog verder reikt.

Hoe sterk?

Velen onder ons hebben waarschijnlijk een levendige voorstelling van iets als we de woorden "elektrische schok" horen. Het is niet alsof je Fido op de elektrische stoel zet. Vroeger hadden elektronische halsbanden inderdaad niet zoveel variatie wat de schok betreft die je kan toedienen, vandaar dat je misschien een beeld hebt van elektronische halsbanden als hard en gevaarlijk, maar de huidige modellen kunnen ongelooflijk scherp afgesteld worden qua stimulatieniveau. Elektriciteit is ongelooflijk nuttig voor allerlei dingen en veel halsbanden hebben opties die helemaal niet zo pijnlijk zijn als sommige hondenbaasjes zich misschien inbeelden. Onthoud dat elektriciteit ook gebruikt wordt voor fysiotherapie bij mensen.

Ik zal in dit boek niet te veel met principiële standpunten afkomen om je te vertellen wat je moet doen, maar geloof me - **koop alleen een halsband met instelbare gevoeligheidsstanden.** Het alternatief zou ik zelfs niet met tegenzin aanbevelen. Begin op een lage stand en als het nodig is, verhoog je het niveau heel geleidelijk en op een veilige manier.

Waar houdt je hond van?

De hond van mijn zus, een dwergkeeshond, is het allergelukkigst als hij binnen op de bank mag liggen als een koning. Mijn hond, een superschattige buldog, doet niets liever dan buiten zijn mollige neusje overal instoppen. Als ik hem buitenlaat en een halve seconde niet kijk, hangt hij vol slijk, gras, dingen die ik zelfs niet ken en waarvan ik betwijfel of ze wel op aarde ontstaan zijn, en zoveel meer. Waarom vertel ik dit allemaal? Omdat de elektronische halsband die mijn zus zou kiezen, totaal verschillend is van die van mij. Ik zou namelijk een nodig hebben die **waterdicht en onverwoestbaar** is. Het zou wel heel erg jammer zijn als je je splinternieuwe halsband niet meer kon gebruiken omdat hij nat is geworden; wees dus gewaarschuwd: niet alle halsbanden zijn dezelfde. Het is niet omdat iets technisch gesproken waterdicht is, dat het het meest aan je noden zal voldoen. Luister niet naar recensies en advies, maar koop bij een gecertificeerde verkoper. Een goede dierenwinkel zal niets verkopen dat gevaarlijk is. Die rare man die in een bestelwagen woont wel, hoe sterk hij ook benadrukt dat het een volledig veilige halsband is die nooit gebruikt is.

WELKE IS DE BESTE?

Ah. Dé vraag. Dit is wat iedereen wil weten. Ik heb slecht nieuws voor je: er bestaat geen antwoord op deze vraag. Er zijn zoveel factoren waar je rekening mee moet houden. Voor sommigen is de "beste" die met de beste prijs-kwaliteit. Anderen hebben liever topkwaliteit. Nog anderen willen gewoon iets dat werkt. En ga zo maar door. Bla, bla, bla. Ik kan je met de beste wil van de wereld niet vertellen welke je moet kopen, maar als je een elektronische halsband wil, gelden de volgende puntjes als vuistregel:

Ken je dit merk? Als je het merk kent en vertrouwt, is het waarschijnlijk een goede halsband. Als het een merk is waar je nog nooit van gehoord hebt, betekent het niet meteen iets vreselijks, maar wees alert.

Hoe zit het met recensies? Recensies zijn het levenssap van deze markt. Geloof het of niet, maar mensen geven enorm om hun hond en als iets hun geliefde huisdier pijn doet, schreeuwen ze het van de daken. Doe onderzoek. Als een halsband echt ongelooflijk slechte recensies heeft, vermijd hem dan.

Wat? Misschien is dit alles nogal overweldigend voor je en het enige wat je nog kan zeggen is: "Wat?"

Vrees niet. Je moet niet alleen op onderzoek gaan. Als je deze keuze niet graag alleen maakt, vraag raad aan iemand die kan helpen. In veel dierenwinkels werken mensen die goed op de hoogte zijn en je graag helpen de juiste keuze te maken.

HOOFDSTUK 3. VOORDELEN EN RISICO'S VAN ELEKTRONISCHE HALSBANDEN

Voor ik start met dit hoofdstuk moet je eerst even "risico's van elektronische halsbanden" googelen. Doe maar. Ik wacht wel. Je zal honderd verschillende artikels vinden met uitleg waarom ze de slechtste uitvinding ooit zijn, waarom ze gevaarlijk en onmenselijk zijn en verboden zouden moeten worden. Je zal ook honderd verschillende artikelen vinden met uitleg waarom die andere honderd compleet verkeerd zijn. Eigenlijk is het best wel grappig. Het onderwerp verdeelt hondenbaasjes en -trainers in twee kampen. Welk kamp moet je kiezen?

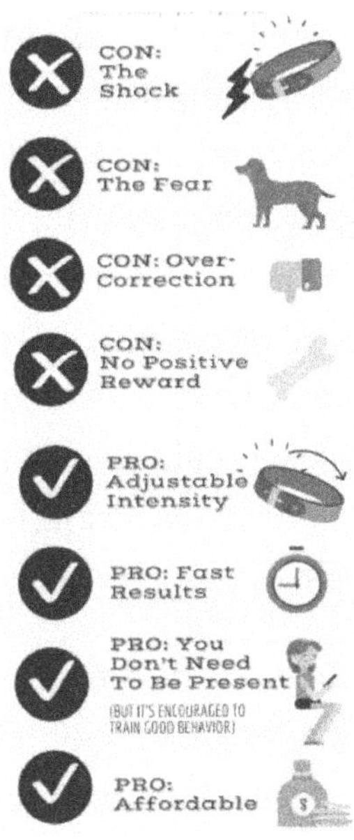

Wat denk je hiervan. In plaats van je aan te sluiten bij het "verbrand alle elektronische halsbanden"-kamp of het "elektronische halsbanden zijn een godsgeschenk"-clubje, die allebei hun voor- en nadelen hebben, kan je dit ook benaderen als de rationele volwassene die je bent. Het korte antwoord is: **beide kampen hebben gelijk en beide hebben ze ongelijk.** Extremisten hebben zelden gelijk. Meestal **bevindt het antwoord zich ergens in het midden,** zoals hier het geval is. Dit is een fors hoofdstuk met veel informatie, zet je dus schrap, we beginnen eraan!

ZIJN ELEKTRONISCHE HALSBANDEN ONMENSELIJK?

Als je het echt gegoogeld hebt, zal je beslist meteen iets opgevallen zijn: **de artikelen zijn zorgvuldig geschreven om je opinie te beïnvloeden door mensen die heel sterk het ene of het andere kamp aanhangen.** Voorstanders van elektronische halsbanden gebruiken woorden als "elektronische trainingshalsband" en "elektronische halsband", terwijl tegenstanders een heel ander beeld schetsen door woorden te gebruiken als "schokhalsband". De rest van de artikelen zijn net zo voorspelbaar als je verwachtte - altijd de harde lijn.

Spoiler alert: **ik neem geen standpunt in over onmenselijk of niet.** Dat moet je helemaal zelf doen. Sommige mensen geloven eerder dat ze overdonderend onmenselijk zijn. Anderen vinden ze compleet menselijk. Kies je standpunt, of niet. Het doet er helemaal niet toe, want het is niet mijn taak je te overtuigen van het morele aspect van wat dan ook. Mijn taak is je de feiten aan te reiken.

Zijn juist gebruikte elektronische halsbanden gevaarlijk?

Eindelijk een vraag waarop ik kan antwoorden. Toen ik mijn onderzoek begon, las ik in het allereerste artikel over elektronische halsbanden dat ze absoluut gevaarlijk zijn. Er werd ook vermeld dat verwondingen veroorzaakt werden door het verkeerd gebruik van de halsband. Het werd nogal terloops vermeld zodat niemand erop zou letten. **Als je de halsband verkeerd gebruikt, is dat niet de schuld van de halsband.** Als je je vriend een mep verkoopt met je smartphone, kan je niet zeggen dat je smartphone gevaarlijk is. Jij bent gevaarlijk omdat je je gedraagt als een idioot. Veel artikels die ik vond tegen elektronische halsbanden bevatten verouderde informatie. Zelfs een artikel dat pas enkele dagen geleden verscheen, een van de grootste artikels, bevatte **compleet verkeerde informatie.** Bijvoorbeeld - ze beweren dat elektronische halsbanden op maximum 400 meter gebruikt kunnen worden. Even snel googelen en je ziet dat verschillende modellen tot kilometers ver reiken. Ik weet niet waar ze die informatie gehaald hebben, maar iemand heeft zijn huiswerk niet gemaakt.

Als je ze correct gebruikt, **zijn elektronische halsbanden niet gevaarlijk.**

EN ALS MENSEN EEN ELEKTRONISCHE HALSBAND TESTEN?

Ik wil dit artikel niet gewoon afkraken, maar het is een hoop bevooroordeelde kletspraat. Er was zelfs een video **Mensen testen elektronische halsband voor honden** bij, waarin een man in bloot bovenlijf een elektronische halsband draagt en schokken krijgt van verschillende sterktes, tot stand 8 (die de zwaarste stand voor dit model is). Hij heeft duidelijk pijn. Lezer, je moet dit begrijpen. Veel moderne elektronische halsbanden gaan tot stand 100 en experts bevelen aan om **stand 3 tot 5 van de 100** te gebruiken. Die kerel besloot **stand 100 van de 100 (zwaarste stand)** te gebruiken. Dat is erg dom en je wordt verondersteld *nooit* zo'n hoge stand te gebruiken, tenzij in extreme omstandigheden. De meeste honden leren als je een paar keer stand 3 tot 5 gebruikt. Hij start bij stand 3 voor de demo, wat stand 37,5 is bij een normale halsband - **tien keer hoger dan wordt aanbevolen**, en dan verhoogt hij het niveau geleidelijk tot hij de zwaarste stand bereikt - die **twintig tot drieëndertig keer hoger is dat wat je hoort te gebruiken.** Nee, man, dat is pijnlijk. En hoewel de halsband in kwestie van erg goede kwaliteit is, gebruiken veel trainers alleen de trilstand en vinden ze dat zelfs het gebruik op stand 1 niet nodig is. Opvallende titel, compleet idioot en helemaal niet wat je verondersteld wordt te doen. Fit zijn en sporten is erg goed voor je, maar als je het drieëndertig keer zwaarder maakt dan wat je verondersteld wordt te doen, dan raak je ook in de problemen.

Bovendien zijn er veel hondentrainingscursussen die snappen dat mensen aarzelen om elektronische halsbanden te gebruiken en vragen dat hondenbaasjes ze eerst zelf uittesten op de aanbevolen stand om hun angst weg te nemen. Je wordt niet vreselijk geëlektrocuteerd zoals de mythe voorspelt - tenzij je de schok drieëndertig keer zwaarder maakt dan verondersteld.

WAT IS ER IN 1980 GEBEURD?

Quizvraag: wat heeft een voorval uit 1980 te maken met de huidige markt van elektronische halsbanden? Antwoord: niets! Wat vaak vermeld wordt

23

is het rapport van het **US Center for Veterinary Medicine** van 40 jaar geleden, waarin staat dat een producent bleek defecte elektronische halsbanden te maken die honden effectief verwondden (de halsbanden werden onmiddellijk uit de handel genomen). Dit ene rapport is de basis voor veel van de angst en mythes rond trainen met elektronische halsbanden, ook al is het bijna een halve eeuw oud en toont het aan dat de overheid al 40 jaar actief genoeg is op deze markt om onveilige methodes te onderscheppen en te verbannen. 40 jaar. Ja. Kijk, ik kan dat ook. Wist je dat een hele hoop automodellen teruggeroepen moesten worden in de jaren 80 omdat ze onveilig geproduceerd waren? Koop dus geen nieuwe auto, want ze zijn gevaarlijk! Ha! Ik wil geen tirade houden, maar dat argument is gewoonweg niet logisch. 40. Jaar. Uiteraard gebruiken ze nog altijd dezelfde technologie als toen, net als auto's nog hetzelfde zijn en tv's, gsm's, laptops, het internet... Dat klopt. Ga maar na - Enron werd in 2001 opgedoekt, net als die ene producent van elektronische halsbanden 40 jaar geleden, wat twintig jaar minder lang geleden is dan die gewaardeerde bron. Wat zou de schrijver van dit artikel besluiten? Ga nooit zakendoen.

VERBRANDEN ELEKTRONISCHE HALSBANDEN HONDEN?

Ze verbranden honden niet. Soms kan je een plek op de hals van je hond zien die eruitziet als een elektrocutiewond. Sommige slecht geïnformeerde hondenbaasjes maken verkeerde veronderstellingen over wat de oorzaak is, terwijl de waarheid veel meer voor de hand ligt dan je zou denken: **draai de halsband een paar keer per dag (elke vier uur wordt aanbevolen) anders krijgt je hond wrijvingswondjes** waar de halsband de nek van je hond raakt. Hondenbaasjes die de halsband niet draaien, zien die wondjes soms, maar ze worden niet door elektriciteit veroorzaakt. Ze worden veroorzaakt doordat de halsband te lang op dezelfde plaats wrijft op de huid van je hond en ze zijn perfect te vermijden (zeker als de halsband te strak zit). Door een paar slechte halsbanden tientallen jaren geleden ontstond dit idee en mensen geloven het minst voor de hand liggende in plaats van zich te realiseren dat veel van de "problemen" toe te schrijven zijn aan verkeerd gebruik. Bovendien, bonustip: als je hond een **nikkelallergie** heeft, neem je beter de gebruikelijke contactpunten niet. Er zit namelijk nikkel in de roestvrij stalen contactpunten.

Is het geen mishandeling?

Een andere wijdverspreide aanname is dat een elektronische halsband gebruiken gelijk staat aan hondenmishandeling. Het roept het beeld op van een of ander onmens die niets liever doet dan honden martelen door ze te elektrocuteren. Dit argument is echter misleidend; wanneer iemand zo slecht en wreed is om dit te doen, dan gaat hij zijn geld niet eerst spenderen aan een dure halsband. Een onmens kan een dier mishandelen met wat hij maar wil. Het zijn vreselijk slechte mensen en ze **mogen nooit verward worden met verantwoordelijke hondenbaasjes die het beste willen voor hun viervoetige vriend**.

WERKEN ZE?

Elektronische halsbanden werken praktisch altijd goed. Er zijn zelfs veel personen die het systeem onmenselijk vinden, maar toch moeten toegeven dat het een erg succesvolle methode is om honden mee te trainen. De meeste honden hebben slechts enkele correcties nodig op een erg lage stand (3 tot 5 op 100). Sommige honden leren het meteen met overdonderend veel succes. De halsbanden zijn bedoeld om hen te helpen iets te leren. De meeste (en de enige die ik aanbeveel) geven eerst een waarschuwingssignaal zodat de hond de tijd krijgt om zijn gedrag aan te passen. Een correcte en doorgedreven training met een elektronische halsband, gecombineerd met andere trainingsmethodes, zoals snoepjes (hierover later meer), leveren de beste resultaten op. Dit gezegd zijnde is het belangrijk te weten dat het gebruik van een elektronische halsband niet je eerste toevlucht mag zijn, want ook al zijn ze succesvol, over het algemeen zijn andere trainingsmethodes succesvoller, zoals positieve bekrachtiging met snoepjes. Ik ga hier verder nog dieper op in.

Trouwens, even een korte zijsprong, als je al meerdere honden getraind hebt of iemand kent die al minstens twee honden getraind heeft, dan weet je heel goed dat elke hond anders is. Een hond die ik getraind heb, ook een buldog, was een van de slimste en meest aandachtige honden die ik ooit heb ontmoet. Alles wat ik deed, snapte hij, van spreken tot zitten tot een dansje doen. Hij was altijd erg respectvol, overschreed geen enkele grens enz. Maar hij had een gebrek. Een heel erg irritant gebrek: hij *haatte* de leiband. Echt haten! Op elk ander gebied was het een perfect hondje, maar als je de leiband bovenhaalde, werd hij gek, een rimpelig bolletje woede. Ik heb nog altijd geen idee waarom dat zo was en ik zal het vermoedelijk nooit weten, maar hij was altijd heel blij om bij me te zijn, maar als hij nog maar dacht dat er een leiband in de buurt was, was hij compleet ontzet. Om welke reden ook, hij verafschuwde wandelen aan de leiband. Waarom vertel ik je dit? Zijn we bij de verhalenronde beland? Ik vertel je dit verhaal omdat het een goed voorbeeld is van hoe verschillende methodes werken voor verschillende honden. Sommige honden kunnen ongelooflijk reageren op een elektronische halsband en andere lijken wel een rotsblok dat je door het slijk moet sleuren... aan een touw. Er zijn weinig oefeningen die zo ingeburgerd zijn als aan de leiband wandelen, maar voor zo'n kandidaat, is het allicht een goed idee een elektronische halsband te gebruiken.

Zal mijn hond me haten?

Je hebt een elektronische halsband gekocht en om de nek van Fify gedaan en nu weet Fify dat hij niet mag blaffen naar de postbode. Gefeliciteerd! Je bent erin geslaagd! Maar zoals iedereen weet die een hart en een huisdier heeft: als je hond er zo'n hekel aan heeft dat hij nu aan jou een hekel heeft gekregen, dan is het het niet waard. Ik kan me niet voorstellen dat ik mijn hond pijn zou doen. Ik voel me vreselijk bij de gedachte dat mijn hond me zou haten. Ik wil dat onze band zo puur en zuiver mogelijk is, dus vraag ik me af: heeft de elektronische halsband ook nadelen?

Feit: **ja, elektronische halsbanden hebben ook nadelen.** Zelfs voorstanders van de elektronische halsband moeten toegeven dat het niet het trainingsequivalent is van die mirakelpillen waarmee je 10 kilogram per maand afvalt. Dit zijn de grote nadelen die we moeten bespreken.

-- **Geen positieve bekrachtiging.** Kijk, ik heb er een hekel aan als mijn buldog bezoekers bespringt en onderkwijlt, maar ik heb ook een hekel aan negatieve bekrachtiging. Ik zou hem veel liever leren het juiste te blijven doen in de plaats. Als je bent zoals ik, is dat waarschijnlijk ook jouw standpunt. Het is meer iets persoonlijks.

-- **Angst. Angst is slecht. Angst is erg slecht.** Je hond moet je graag zien en vertrouwen. Je hond mag niet denken dat je wreed bent en hem mishandelt. Dat wil je echt niet. Het is ongelooflijk moeilijk om het vertrouwen van een hond terug te winnen (om nog te zwijgen over het feit dat een angstige hond gevaarlijk kan zijn), en elektronische halsbanden zijn relatief dom. Het zijn machines die niet weten hoe je hond een schok zal interpreteren. Als je hond bijvoorbeeld naar de postbode blaft en je programmeert de halsband om een schok te geven als hij blaft. Dat zou een mens snappen. Een hond kan bang worden voor de postbode en denken dat de postbode hem pijn doet. Als je postbode dan op een dag een pakketje aan je voordeur wil afleveren, zit je met een probleem. Een hond zal met iedere trainingsmethode leren, ook met een elektronische halsband. Alleen zou hij wel eens iets kunnen leren wat jij niet wil. Voor ons, mensen, kan het volstrekt logisch zijn, maar als je hond de verkeerde boodschap krijgt, kan het slecht aflopen voor iedereen die erbij betrokken is.

 -- **Overcorrectie.** Zoals ik al zei, heb je met een machine te maken. Machines kunnen fouten maken. Laat me even een situatie schetsen. Je weet (hopelijk) dat stelen verkeerd is. Als je dat niet weet en je steelt iets, dan word je gestraft en heb je je lesje geleerd. Maar als je dan, zonder dat je iets steelt, opnieuw gestraft wordt, snap je er niets meer van. Dat is wat er gebeurt als elektronische halsbanden ongewild of te vaak een schok geven aan je huisdier en hem dus straffen voor iets wat hij niet heeft gedaan. Dit geldt zeker voor automatische hekken en blafbanden. Als je hond snapt dat hij een schok krijgt als hij te ver wegloopt, prima. Als je hond nu alleen maar denkt dat de buitenwereld vreselijk en beangstigend en gemeen en wreed en verwarrend is, niet prima.

HOOFDSTUK 4. VOOR DE TRAINING

Joepie! We hebben alle definities gehad en nu kunnen we erin vliegen! Jij weet heel goed, ook al is het je eerste hond, dat er geen simpele manier is die altijd werkt om een hond te trainen. 2+2 is niet altijd 4. Je telt 2+2 op en de ene keer krijg je drie, de andere keer vijf. Huisdieren zijn nu eenmaal levende wezens en ook al houden we van ze, ze zijn niet altijd voorspelbaar. Er zijn veel variaties en veel "als dans", zoals "als mijn hond graag over zijn buikje gestreeld wordt, dan kan ik dat gebruiken om te helpen bij het trainen". Ik zal heel eerlijk zijn. Een hond trainen kan een hele opgave zijn, vooral als hij je oma's geliefde stoel uit Italië kapotbijt en je nette kleren helemaal onderkwijlt *zodra* je hem de rug toekeert. Maar ik kan je verzekeren dat er niets is dat meer voldoening schenkt dan een hond succesvol trainen en, gelukkig voor iedereen, kan een elektronische halsband je daarbij helpen! Voor je je schouders ophaalt en denkt dat het hopeloos is - er zijn dingen die we zeker weten: richtlijnen voor hondentraining met elektronische halsband. Hier komen ze!

Laten we meteen starten. **Begin niet met een elektronische halsband.** Veel experten geloven dat het beter is je hond eerst te trainen zonder negatieve bekrachtiging, namelijk met snoepjes, strelinkjes en andere beloningen. Als je hond op die manier perfect gehoorzaamt, is dat goed nieuws! Je hebt geen elektronische halsband nodig. Als je hond een voorbeeld van gehoorzaamheid is en alles snapt wat je zegt en de training verloopt vlot, gebruik dan best geen elektronische halsband. Maar, als je je hond meeneemt naar een andere plaats, zoals een losloopweide, en al je lessen zijn meteen vergeten en je hond weet niets meer van wat je hem geleerd hebt, dan is het tijd om een elektronische halsband te gebruiken. Over het algemeen is de **"natuurlijke manier"** van trainen echter beter en geeft je meer kans op succes, om niet te spreken over het feit dat het je bezorgdheid over zijn veiligheid wegneemt.

Bovendien zijn experts ervan overtuigd dat je beter **geen elektronische halsband gebruikt tot de basiscommando's gekend zijn**, namelijk "zitten" en "blijven". Waarom? Omdat je hond eerst het concept moet doorhebben voor hij het verband kan leggen tussen onophoudelijk blaffen en een negatieve bekrachtiging krijgen. Ze moeten al een idee hebben van wat er gaande is voor een elektronische halsband succesvol kan zijn.

Raadpleeg een professional

In een ideale wereld weet iedereen hoe alles moet gebeuren, maar in de wereld waarin we leven is dat helaas niet het geval. **Voor je een elektronische halsband gebruikt, moet je zeker een professional raadplegen.** Dit geldt niet voor iedereen. Jij, die al dertig jaar honden traint, hoeft dit waarschijnlijk niet te doen. Als je echter een beginneling bent, raad ik je ten sterkste aan professionele begeleiding te zoeken voor je begint met trainen met een elektronische halsband. Waarom? Om verschillende redenen eigenlijk. Honden zijn fantastisch, maar ze kunnen erg verschillen en afhankelijk van de verschillen qua ras, voorgeschiedenis, leerstijl enz. van jouw specifieke hond, moet je misschien je plannen aanpassen. Vermijd dat je veel tijd moet verspillen aan het herstellen van fouten die je gemaakt hebt, want bij een ontvankelijke hond, vooral een jonge en ontvankelijke hond, kan je eerste les van cruciaal belang zijn en dan is achteraf herstellen heel erg moeilijk. Doe het meteen goed!

LEEFTIJD

Misschien heb je net een puppy gekocht of je hebt een hond van tien jaar oud en uiteraard moet je beide heel verschillend aanpakken. De vraag die je je zeker moet stellen: **wanneer is het veilig om de training met de elektronische halsband te starten?** Ik zou hier graag op kunnen antwoorden; dit is het beste wat ik kan doen: raadpleeg je dierenarts, want veel factoren bepalen of je hond er klaar voor is. Over het algemeen zijn erg kleine en erg jonge honden geen goede kandidaten hiervoor aangezien hun kleine gestalte veel gevoeliger kan zijn voor zelfs de kleinste schokken. De meeste elektronische halsbanden die je zullen interesseren, vermelden voor welke gewichtsklassen ze bedoeld zijn, maar blijf toch altijd voorzichtig. De kans dat er iets misloopt, is heel klein, maar aangezien het om je hond gaat, wil je gewoon duizend procent zeker zijn dat het veilig is.

WAARVOOR KAN IK EEN ELEKTRONISCHE HALSBAND GEBRUIKEN?

In principe voor alles wat je maar kan bedenken. Uiteraard zullen de details verschillen voor iedereen, maar ze worden het meest gebruikt **om te vermijden dat een hond uit de tuin ontsnapt en verloren loopt**

en om te vermijden dat een hond constant blaft enz.
Kort gezegd moeten ze dus voorkomen dat een hond
iets doet dat enorm frustrerend of gevaarlijk is.

Veel mensen **gebruiken een elektronische halsband als plan B.** Ik las ooit een verhaal van een jonge vrouw die met haar hond aan het wandelen was in haar buurt en hij liep weg. Misschien gleed de leiband uit haar hand. Misschien was hij niet goed vastgemaakt. Het doet er niet toe hoe het gebeurd is, maar plots zag ze haar hond rennen richting de straat en het verkeer. Gelukkig voor alle betrokkenen had ze een plan B. Haar hond had een elektronische halsband om die ze nauwelijks gebruikte omdat hij er wel mee leerde, maar hem eigenlijk niet nodig had omdat ze eerder andere methodes toepaste. Hoe dan ook, ze greep snel naar de afstandsbediening en activeerde de halsband, waardoor haar schattige, kleine idioot veilig stopte voor hij recht het verkeer inliep.

Een ander voorbeeld zijn de boeren onder jullie, of eigenlijk iedereen die op het platteland woont. Mocht je het nog niet ondervonden hebben, de wildernis biedt je een heel arsenaal aan onvoorspelbare problemen die extreem gevaarlijk kunnen zijn voor de gezondheid van je hond. Ik woon in een gebied met veel ratelslangen en mocht je niet weten wat een ratelslang is, het is een slang die zich graag verstopt onder auto's, in hoog gras, naast je terras en eigenlijk overal. Maar ze kunnen vooral heel venijnig bijten en een enkele beet van een ratelslang kan je hond doden, vooral als hij in zijn kop gebeten wordt. Ze moeten heel ernstig genomen worden en waar ik woon, zit het er vol van. Ooit zagen we er twaalf in een enkele maand. Waar je ook leeft, je kan gelijkaardige problemen hebben. Telkens ik met mijn hond ga wandelen, ben ik bezorgd dat ik er een zal tegenkomen. Een ratelslang valt niet aan. Ze zijn niet agressief, maar ze bijten je wel met veel plezier als ze zich bedreigd voelen. Helaas, wanneer een hond een ratelslang of een andere slang ziet, probeert hij die vaak te doden door zijn jachtinstinct. Heel veel buren bij mij in de buurt **gebruiken een elektronische halsband om hun hond te leren slangen met rust te laten.** Blaffen op een veilige afstand is heel goed. Gebeten worden en sterven is niet goed. Er bestaan heel specifieke lessen waarin je hond met behulp van slangen zonder tanden of nepslangen geleerd wordt om uit de buurt te blijven van een slang.

Jij hebt misschien wel of misschien geen behoefte aan zulke lessen. Dat weet ik niet. Misschien woon je wel in het centrum van New York City op de dertigste verdieping midden in een stadsomgeving. Er zijn kilometers ver geen slangen te bespeuren. Je zou al hard moeten zoeken om een slang te vinden. Wel, een ander typisch voorbeeld waarvoor je een elektronische halsband kan gebruiken is om **te voorkomen dat je hond opeet wat hij niet verondersteld wordt op te eten.** Je weet wel wat ik bedoel. Of het nu gaat om een stukje chocolade dat je toevallig liet vallen, of om een insect dat niets te zoeken heeft in de buurt van je hond, veel hondenbaasjes gebruiken een elektronische halsband om te voorkomen dat hun hond onbekende of ongezonde dingen opeet.

WAARVOOR MAG IK EEN ELEKTRONISCHE HALSBAND NOOIT GEBRUIKEN?

Ah, de keerzijde. Ja, we weten dat elektronische halsbanden erg effectief kunnen zijn en erg veel succes kunnen boeken. Ja, wij hebben ook een hart en ja, wij weten ook dat we **de kracht van de elektronische halsband nooit mogen misbruiken.** Het zijn dingen met een praktisch doel. Je gebruikt ze *niet* uit ijdelheid, voor je imago of zo van die dingen. Dit doet me denken aan een artikel over een bedrijf dat grote trainingsworkshops voor honden organiseerde, waar hondenbaasjes geleerd werd hoe ze op een verantwoorde en veilige manier met elektronische halsbanden konden trainen. Klinkt fantastisch, niet? Het was ook fantastisch! De lessen focusten op je hond leren niet te markeren enz. enz. De simpele dingen die je je hond wil leren en in sommige gevallen, zei de instructeur, steeg de macht het hondenbaasje naar het hoofd.

Wat bedoel ik daarmee? Een voorbeeld waar ik meteen aan denk is van een hondeneigenaar die met andere trainingsmethodes niet veel succes had gehad en zich daarom voor deze lessen had ingeschreven en er opvallen goede resultaten boekte. Plots werd hij zich ervan bewust dat hij zijn hond onder controle had en dat zijn hond een voorbeeld van goed gedrag was geworden. De eigenaar, het kan een man of een vrouw geweest zijn, maar uit luiheid (ik bedoel, voor de eenvoud) gebruik ik "hem" want ik heb niet het flauwste idee van het geslacht van die persoon en ik heb geleerd dat ik me moet verduidelijken. Hoe dan ook, die persoon trainde honden voor hondenshows en moest dan ook beter dan wie ook weten dat je geen enkele trainingsmethode mag misbruiken, en al zeker geen elektronische halsband.

Maar deze hond, om de een of andere reden, snapte het helemaal. De hond snapte het en de training vorderde fantastisch. Maar toen besloot de hondeneigenaar om de kracht van de elektronische halsband te gebruiken voor allerlei andere dingen, bijvoorbeeld om de houding van de hond te verbeteren als hij gepresenteerd werd. Hij contacteerde de instructeur om te vragen hoe hij dat kon doen.

Wacht even. Ik wil je even waarschuwen - dit wordt waarschijnlijk een tirade... Aan alle verantwoordelijke hondenbaasjes, dit is niet aan jou gericht en ik zie je graag. Aan alle mensen die zulke dingen doen, schaam je! Dat is onaanvaardbaar. Een hond kan het verband zien tussen "Ik plas op schoenen, ik krijg een schok." Een hond kan het verband zien tussen "Ik blaf urenlang naar de kat van de buren, ik krijg een schok." Een hond kan het verband niet zien - ik kan dit niet genoeg benadrukken - tussen "Ik moet mijn staart iets hoger dragen of ik krijg een schok." Een mens zou misschien moeite hebben om te snappen wat er gebeurt. Laten we de zaken even omdraaien - als ik een elektronische halsband omhad en telkens ik per ongeluk een lepel in de microgolfoven leg, krijg ik een schokje, dan zou ik snel snappen wat er aan de hand was. Maar als ik gewoon wat rondloop en af en toe een schok krijg, zou ik geen idee hebben van wat er in hemelsnaam aan de hand is. Ik zou niet inzien dat het is telkens ik op een eigenaardige manier stap of zo. Ik zou alleen weten dat ik schokken krijg.

En zo komen we bij de kern van de zaak: **als je hond niet kan snappen wat er gebeurt, is het niet toegelaten een elektronische halsband te gebruiken.** Echt. Zo eenvoudig is het. Als je een elektronische halsband correct gebruikt, kan je de training en correcties versterken, voorkomen dat je hond in gevaarlijke situaties belandt en hem leren zich goed te gedragen. Niet-correct gebruik is gewoon niet oké.

Moet ik een elektronische halsband gebruiken als ik er een heb?

Het antwoord op deze vraag ligt zo ongelooflijk voor de hand dat ik het bijna spijtig vind dat ik moet antwoorden, maar het zit zo: soms kopen mensen een elektronische halsband en denken ze dat ze met de halsband getrouwd zijn, dat ze, nu ze de stap gezet hebben, door moeten zetten en er nooit meer mogen van afwijken. Ze lijken wel in een actiefilm uit de jaren 80 beland waarin een halsband kopen het equivalent is van je team opdragen terug te keren naar de helikopter terwijl jij achterblijft om de vijand tegen te houden - zoiets dramatisch, ultiems, waarover nooit meer gesproken mag worden. Maar dat is het niet. Dat is het echt waar helemaal niet. **Je kan een elektronische halsband hebben zonder hem de hele tijd te gebruiken.**

Het komt hierop neer: een elektronische halsband is net hetzelfde als een gewone halsband, alleen heeft het een extra functie die je kan gebruiken. Net als bij een terreinwagen met vierwielaandrijving. Je moet niet per se altijd met vierwielaandrijving rijden (ik ben een Texaan. Sorry als mijn vergelijkingen altijd over boeren gaan), tenzij je de paden verlaat en moet vermijden dat je alle kanten op gaat slippen. Maar als je hem nodig hebt, is het leuk als je er een hebt. Druk op een knop en, voilà, nu heb je vierwielaandrijving, maar voor het grootste deel van de tijd voldoet normale aandrijving prima. Dit is hetzelfde met de elektronische halsband. **Koop een elektronische halsband. Gebruik hem als het nodig is.** Er bestaat geen wet die zegt dat je je elektronische halsband een bepaald aantal keer per maand moet activeren. Er is geen quota voor. Niemand houdt dat bij. Gebruik je het constant of maar een keer. Dat interesseert niemand. Het enige wat je moet interesseren is dat je je hond geen pijn doet en dat het helpt, of toch minstens kan dienen als een goed plan B. Natuurlijk, zoals ik al zei, als je de elektronische halsband wil gebruiken, vergeet dan niet hem om de vier uur wat te draaien zodat je hond geen last krijgt van de wrijving.

Voor de mensen achteraan in de zaal die me misschien niet goed gehoord hebben, herhaal ik het nog even. **Het is niet omdat je een elektronische halsband hebt dat je hem moet gebruiken.** Je kan voor mijn part een elektronische halsband kopen en letterlijk nooit gebruiken. Waarom zou je dat doen? Ik heb geen idee, maar sommige mensen hebben het gevoel dat als je beslist hebt er een te kopen, dan zit je eraan vast. Nu je er een gekocht hebt, moet je hem ook gebruiken. Helemaal niet. Je kan nog altijd perfect doorgaan met trainen op andere manieren en, wie weet, misschien is je hond wel een voorbeeldige hond die alles snapt wat je van hem vraagt, alleen blaft hij misschien echt heel erg graag wanneer buurman Gary de planten water geeft. Misschien ben je niet altijd in de buurt om hem te doen stoppen met blaffen naar Gary en dan kan je de elektronische halsband daarvoor gebruiken en voor de rest train je gewoon met andere methodes. Het is niet alles-of-niets. Er zal geen bom ontploffen als je de halsband zelfs nooit aanzet. Niemand houdt je onder schot en beveelt je hem te gebruiken. Gebruik hem als het nodig is, op een veilige, verantwoordelijke en gezonde stand.

HOOFDSTUK 5. DINGEN WAAROP JE MOET LETTEN ALS JE EEN ELEKTRONISCHE HALSBAND GEBRUIKT

Het is niet allemaal rozengeur in maneschijn in elektronischehalsbandland. Misschien heb je tot hier gelezen en ziet het eruit alsof alles vanaf nu vanzelf zal gaan. Je weet wat je moet doen. Je bent veilig. Je bent verantwoordelijk. Je bent geïnformeerd. Je bent vastbesloten het juiste te doen en je hond te trainen op een gezonde manier. Eerst en vooral, goed voor jou, ik wens je het allerbeste, maar er is een heel erg klein probleempje: **Het kan zijn dat je alles correct doet en dat het toch nog verkeerd loopt.**

Dat geldt voor alles natuurlijk. Je kan zorgvuldig de perfecte dag met de kinderen op het strand plannen, een hoop fantastische buitenactiviteiten boeken, ervoor zorgen dat je genoeg tijd hebt om je van A naar B te verplaatsen, alles organiseren, een lekkere picknick voorbereiden, ervoor zorgen dat iedereen ingesmeerd is met zonnecrème, de picknickmand en de plaid klaarzetten en halverwege je zalige, zonnige stranddag begint het te regenen dat het giet en alles is om zeep. Pech! Het valt tegen en is niet eerlijk. Je hebt alles gedaan zoals het moest en toch valt het tegen en je hebt helemaal geen leuke dag. Wel, zoals je helaas zelf ook wel weet, de dingen verlopen niet altijd zoals gepland,

hoe voorzichtig, doordacht en goed georganiseerd je
plannen ook mogen zijn. Hetzelfde geldt voor
elektronische halsbanden. Je kan je grondig informeren
via het internet, de beste halsband vinden met alle
functies die jij wil, ervoor zorgen dat je de juiste grootte
voor je hond kiest, lessen volgen, bla bla bla en het kan
nog tegenvallen. En net zoals je buiten op het strand kan
blijven in de gietende regen, kan je doorzetten met de
elektronische halsband, maar dat is waarschijnlijk een
heel erg slecht idee. Dit zijn enkele regenbuien die je
tegen kan komen op je zoektocht naar een elektronische
halsband.

Is je hond agressief?

Dit lijkt me overduidelijk, maar het is belangrijk
dat iedereen het echt snapt. Als je op het strand blijft
zitten in de regen, word je nat. Als je een agressieve
hond forceert, word je gebeten. Een algemene
vuistregel: **gebruik geen elektronische halsband als
je hond agressief is.** In een ideale wereld zijn alle
honden vriendelijk en lief voor hun baasje, maar
sommige honden zijn dat helaas niet. Ze zijn gemeen,
angstaanjagend en best wel intimiderend. Soms
proberen hondenbaasjes met zulke honden allerlei
methodes uit om hun hond "juist" te doen reageren.
Misschien wordt de hond agressief als je achter hem aan
gaat en hem een standje geeft. Groot
waarschuwingsteken. Heel groot waarschuwingsteken.
Als je hond erg slecht reageert op zoiets, is hij bijna

zeker een vreselijke kandidaat voor een elektronische halsband, zelfs op een lage stand. Als je de stand verhoogt, kan het probleem zelfs nog verergeren.

Agressieve honden kunnen extreem gevaarlijk zijn, zowel voor hun baasje als voor anderen. Vat dit niet licht op, ik kan het niet genoeg benadrukken, vooral als je een grote hond hebt die echt kwaad kan doen. Mijn tante had de gemeenste chihuahua die je ooit hebt gezien, echt een dik bolletje vol haat. Hij was enorm agressief en gemeen, maar ook maar zo groot als een blikje soep met pootjes, dus wat hij van kwaads kon aanrichten kwam neer op mensen achter in de benen bijten als ze niet opletten. Hij was irritant en gemeen, en vals, maar ook onschadelijk. Als je hem zou opgetild hebben, kon hij allicht meer kwaad doen, maar het was wel duidelijk waarom mensen steeds laarzen gingen dragen als ze mijn tante gingen bezoeken. Ik zou nooit aanraden een elektronische halsband te gebruiken voor hem want dat zou waarschijnlijk heel slecht aflopen, maar zelfs in zijn ergste momenten was hij nooit echt gevaarlijk. Je kon misschien wat schrammen oplopen. Of een klein kneepje krijgen. Wat niet betekent dat zijn gedrag aanvaardbaar of oké was, maar als je hond ook maar een klein beetje gevaarlijk is, is het niet oké dat hij erg agressief is. En ja, allicht wil je niet dat je hond beste vriendjes is met iedereen. Als iemand bij mij inbreekt, wil ik liever niet zien dat mijn hond over zijn buikje gewreven wordt door de dieven. Maar je begrijpt (hopelijk) wel wat ik bedoel: **een agressieve hond is**

een gevaarlijke hond. Als jouw hond zo is, raad ik je *ten sterkste* aan om een professional te contacteren, en het is waarschijnlijk ook een goed idee om elektronische halsbanden te vermijden.

HAAT JE HOND AFSTANDSBEDIENINGEN?

Wordt je hond helemaal woest telkens je de afstandsbediening voor de tv vastneemt? Waarschijnlijk niet. Hopelijk niet. Als dat wel het geval is, heb je een probleem. Maar voor de meeste lezers is dit natuurlijk niet het geval. Waarom? Omdat je hond helemaal geen reden heeft om de afstandsbediening voor de tv te haten. Die zapper heeft je hond nog nooit kwaad gedaan en dus laat het hem volslagen koud als jij hem gebruikt.

Was dit een les over de relatie tussen honden en afstandsbedieningen voor de tv? Helemaal niet. Het is een brugje naar mijn volgende punt: **de drie soorten elektronische halsbanden.**

Inperkingssystemen: Inperkingssystemen zijn eenvoudiger dan ze klinken. Ze zijn erg elementair en als je maar een van de drie soorten kent, is de kans groot dat het dit systeem is. Het is het "elektrisch-heksysteem". Wanneer je hond voorbij de barrière gaat, krijgt hij onmiddellijk een reactie van de halsband. Deze halsbanden zijn eenvoudig, ze vereisen niet veel van jou als hondenbaasje en ze zijn handig voor iedereen.

Blafbanden: De meeste hondenbaasjes hebben wel al meegemaakt dat hun hond gewoon niet wil stoppen met blaffen. Er is geen gevaar, er gebeurt niets slechts of schadelijks, maar je hond heeft besloten te blijven blaffen naar iets om geen enkele reden en het is zo luid en blijft maar duren dat je bijna je haar uittrekt, als de buren tenminste niet eerst op je kop zitten. Bijvoorbeeld - Ik woonde in een huis met een dressoir in de hoek, een onschuldig lief kastje dat niemand kwaad deed. Een drietal weken nadat ik het gekocht had, moet het op een avond een boze blik geworpen hebben naar mijn buldog en/of merkte hij het voor het eerst op en vanaf dan. Stopte. Hij. Niet. Met. Blaffen. Dit soort halsband helpt in zo'n geval door automatisch een prikkel te geven als de hond blaft.

Gehoorzaamheidsbanden: Ah, dit is de halsband waarover we het moeten hebben. Met gehoorzaamheidsbanden moeten we opletten. Waarom? Omdat er een nieuw aspect bij komt: jij. Met een inperkingssysteem of blafband moet je niet veel doen. Ze zijn eenvoudig en vragen niet veel werk, maar gehoorzaamheidsbanden zijn helemaal anders want jij hebt de controle. Een gehoorzaamheidsband werkt niet automatisch. Jij moet hem activeren met de handige afstandsbediening telkens je dat nodig vindt.

Waarom is dit allemaal interessant om te weten? Wat was zo eigenaardig aan afstandsbedieningen? Wel, (ben je er klaar voor?) **je hond kan doorhebben dat het de afstandsbediening is die hem straft en hij kan**

het ding voor altijd haten. Zie je wel, ik wist dat het relevant was! Je hond is geen fluit geïnteresseerd in de afstandsbediening van je tv omdat het geen enkele invloed heeft op zijn leven. Maar een afstandsbediening die zijn halsband activeert... dat beïnvloedt hem uitermate. Sommige honden krijgen het nooit door. Ze zien nooit het verband tussen jij die op de knop duwt en de halsband die reageert.

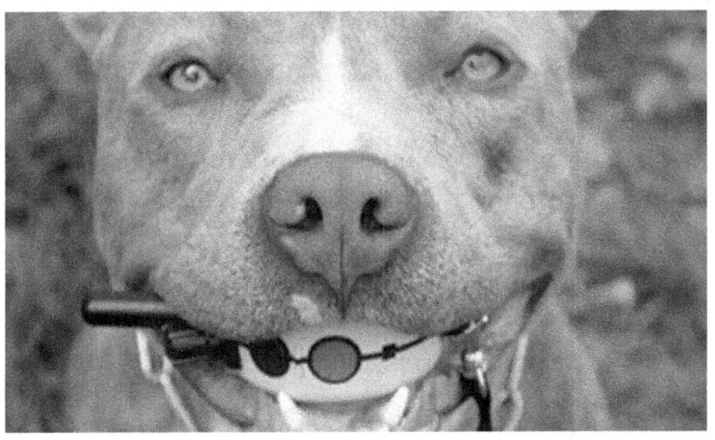

Maar als ze het doorhebben... word je op een morgen wakker en de afstandsbediening is volledig verwoest. Het zit zo: honden kunnen erg slim zijn en als ze doorhebben dat het effectief de afstandsbediening is die hen straft, dan leren ze de belangrijke les niet. Ze leren niet wat jij ze probeert duidelijk te maken. Ze maken geen vooruitgang. Ze raken niet beter getraind. Ze doen helemaal niets, want wat de hond betreft, is de halsband de baarlijke duivel die vernietigd moet worden. We weten hoe honden denken. Als je nu onmiddellijk op je hond afstapt en hem een dreun verkoopt (doe dit alsjeblief niet, het is maar een voorbeeld en je mag dit echt nooit doen), zal hij zich afvragen wat er net gebeurd is. Als je het genoeg doet, gaat hij je heel snel haten. Hetzelfde geldt hier. Als de hond niet doorheeft dat hij terecht gestraft wordt, maar denkt dat de afstandsbediening zijn probleem is, dan zal je training niet alleen mislukken, het kan ook een probleem worden want je hond kan agressief en vijandig gaan reageren op de afstandsbediening.

Wat is de oplossing? Laat de afstandsbediening niet zien aan je hond. Sommige mensen stoppen de zapper in hun achterzak of jas of ergens anders waar hij niet goed zichtbaar is. Ga er niet mee zwaaien voor de neus van je hond alsof je wil zeggen: "Zie je dit? Als je dit ding vernielt, werkt je halsband niet meer!"

FUNCTIONEERT JE HOND ZONDER ELEKTRONISCHE HALSBAND?

Hieraan had je misschien nog niet gedacht: **veel honden zijn afhankelijk van de halsband.** Wat betekent dit? Dat betekent eigenlijk dat de hond extreem goed getraind is en zich voorbeeldig gedraagt met een halsband, maar zodra de halsband verwijderd wordt, breekt de hel los en de hond wordt onhandelbaar.

Dit is echt heel erg moeilijk op te lossen, maar gelukkig kan je het heel gemakkelijk voorkomen! Gelukkig! **Om dit te voorkomen**, moet je ervoor zorgen dat je hond niet doorheeft dat de halsband in verband staat met de training. Koop dus geen elektronische halsband die je onmiddellijk begint te gebruiken. Dat is namelijk hoe dit probleem ontstaat, want op die manier leer je je hond echt alleen maar hoe hij zich moet gedragen als hij de halsband draagt. Zodra je de halsband afneemt, vergeet hij alles en ben je terug naar af.

De oplossing is eenvoudig: **laat je hond wennen aan de elektronische halsband voor je hem gebruikt.** Hoe graag je ook wil starten, beheers je. Je hond zal de halsband herkennen. Hij voelt anders aan dan een gewone halsband, dus moet je je hond eraan laten wennen voor je hem activeert. In een ideale wereld draagt je hond hem enkele weken zonder dat jij er gebruik van maakt. Op die manier ziet je viervoeter het verband niet. Laat hem wennen aan het gewicht en het gevoel van de elektronische halsband zodat alles normaal lijkt als je ermee begint te trainen. Als de hond het verband legt tussen de training en de halsband ga je aan het doel voorbij en zodra je de halsband afneemt, sta je weer waar je begonnen bent.

KAN HET VOOR KORTE TERMIJN?

Een ander veelvoorkomende, maar heel slechte, beslissing is de elektronische halsband te beschouwen als een oplossing voor de korte termijn. Oplossing waarvoor? Voor alles eigenlijk. Da's lippenstift op een varken... Als je je hond een elektronische halsband omdoet omdat je baas komt barbecueën en je wil dat je hond zich netjes gedraagt, maar je hond doet verfoeilijke dingen tegen de benen van bezoekers, dan zal je nog altijd een hond hebben die verfoeilijke dingen doet tegen de benen van bezoekers. Het probleem blijft.

En zo zijn we bij een essentieel punt aanbeland: **er bestaan geen snelle oplossingen voor hondentraining, punt aan de lijn.** En dat gaat over elk soort training die je maar kan bedenken en, ja, elektronische halsbanden horen daar ook bij. Dat is vooral een groot probleem wanneer een hond net niet klaar is om een certificaat te behalen. De eigenaar panikeert, doet hem snel een elektronische halsband om en leert hem eigenlijk niet echt iets behalve zich voor een korte termijn te gedragen. En wat is daar mis mee? Is dat niet oké? Nee, dat is niet oké en wel hierom: iets proberen snel te fixen met een elektronische halsband veroorzaakt namelijk heel veel langetermijnproblemen die veel veel moeilijker op te lossen zijn dan wanneer je het meteen correct zou doen. Het is een proces en wel een proces dat gevolgd moet worden.

IS JE HOND NERVEUS?

Je kent ze allemaal - lieve honden die compleet in elkaar krimpen als je je stem verheft, honden die panikeren omdat er af en toe een tak tegen je huis schuurt, honden die denken dat de wereld vergaat als ze iets verdachts horen. Mijn zus heeft zo'n hond. Een heel lief dier, maar zo nerveus. Zijn nieuwste obsessie zijn de padden rond haar appartement. Dankzij de plaats van het raam kan hij, als hij op de juiste plek staat, net een glimp van de tuin zien, waar alles er volgens hem compleet veilig en normaal uitziet, alleen is er een grote populatie padden die 's nachts tevoorschijn komt, net als een kolonie belachelijke vampieren. Ze lopen wat rond in het donker, doen niemand kwaad en zijn absoluut niet intimiderend, maar voor de dwergkeeshond van mijn zus betekenen ze alle hens aan dek en groot alarm, want deze padden zijn de meest beangstigende dingen die hij ooit heeft gezien. Als hij niet gestopt wordt, blaft hij bij de minste beweging urenlang naar de nietsvermoedende padden in het donker. Sommige honden zijn gewoon nerveus van nature. Ze worden snel bang. Ze zijn niet de moedigste, maar dat is oké.

Maar in discussies over elektronische halsbanden gaat het vaak over zulke honden, want een van de typische mythes is dat elektronische halsbanden vreselijk zijn voor zulke dieren. Zulke honden kunnen moeilijk te trainen zijn omdat ze enorm onzeker zijn en de vreemdste dingen, dingen die compleet veilig en helemaal niet beangstigend zijn voor ons, kunnen hen de stuipen op het lijf jagen. We houden van hen, maar ze zijn onzeker, worden makkelijk bang en zijn schrikkerig. Het is dus maar logisch dat wie zo onzeker is, makkelijk bang wordt en schrikkerig is, niet goed zal functioneren met een halsband die hen een elektrische schok kan geven, toch? Ik bedoel, als die padden de hond van mijn zus zo bang kunnen maken, kan je je de chaos voorstellen die het gebruik van een elektronische halsband zou veroorzaken. Zijn zalig leventje zou getransformeerd worden in een leven vol angst en paniek, toch?

Nee.

Eigenlijk is het omgekeerde zelfs waar. Hoewel logica ons het omgekeerde doet vermoeden, bewijst de realiteit dat het anders is. Veel experten zeggen zelfs dat **nerveuze honden bij de beste kandidaten zijn voor elektronische halsbanden.** Je moet de elektronischehalsbandtraining correct toepassen (vergeet niet dat je lessen kan volgen en een professional kan contacteren om te weten te komen wat je precies moet doen voor jouw specifieke hond), maar het is een wijdverbreid feit dat zelfs honden die heel makkelijk panikeren heel goed reageren op elektronischehalsbandtraining, beter zelfs dan hun soortgenoten die agressief of zelfverzekerd zijn. Uiteraard blijft het het belangrijkste dat je de elektronische halsband correct gebruikt. Als je hem verkeerd gebruikt, wordt hij gewoon nog een extra ding dat hen in de war brengt en bang maakt. Gebruik hem correct en ze leren wellicht ongelooflijk snel.

BEN JE EEN LUIE TRAINER?

Ik hoop dat je negatief antwoordde op deze vraag, dat je niets anders dan het beste wil voor je hond en dat je bereid bent tijd noch moeite te sparen om dat te bereiken. Als dit opgaat voor jou, zijn we hier klaar. Geef jezelf een flink schouderklopje, ga meteen naar het volgende deel, en geef jezelf meteen ook maar een gouden ster, want jij bent wat de hondengemeenschap nodig heeft.

Maar...

als je even over je antwoord na moest denken, dan **is een elektronische halsband niets voor jou.** Als je alleen maar wil dat Fido niet meer voorbij de omheining rent, zal het je misschien nog lukken, omdat de gebruiker in dat geval niet zo belangrijk is. Als je wil dat Fido niet meer blaft als hij alleen thuis is, kan ik erin komen om dezelfde reden. Maar ik kan het niet genoeg benadrukken, als je iemand bent die een elektronische halsband met afstandsbediening wil terwijl je niet toegewijd bent, blijf er dan beter van weg.

Elektronische halsbanden kunnen fantastische instrumenten zijn om mee te trainen, maar ze werken alleen als iedereen hetzelfde nastreeft. De hond moet het snappen. Jij moet het snappen. De halsband moet doen wat verwacht wordt. Alleen zo zal het werken. Als maar een van die zaken ontbreekt, valt het hele plan in duigen en moet je helemaal opnieuw beginnen. Het is een grote mythe dat trainers die een elektronische halsband gebruiken lui zijn. Dat klopt niet, net zomin als dat een trainer die snoepjes gebruikt lui is. Het is echter maar fair om een luie trainer die een elektronische halsband gebruikt, lui te noemen. Als je de halsband willekeurig activeert, zal de hond niet weten wat er gebeurt en dus nooit iets leren. Als je je hond wil leren je mooie schoenen niet kapot te bijten, lukt dat niet door de halsband soms wel en soms niet te activeren. Je moet **consequent** zijn. **Consequent zijn is cruciaal.** Als je maar om de drie keer de halsband activeert, lijkt het voor je hond net een willekeurige bliksemflits die uit de lucht valt - compleet onvoorspelbaar, helemaal niet logisch en geen straf. Het is gewoon een willekeurige bliksemschicht. Het is gewoon een willekeurige prikkel van de elektronische halsband. Het is gewoon als struikelen en van de trap vallen. Als je niet consequent bent, lijkt het gewoon een iets willekeurigs dat deel uitmaakt van het leven van je hond en zal hij geen verband zien. Dat is de waarheid. Voor sommige hondenbaasjes klinkt het waarschijnlijk fantastisch dat je gewoon op een knopje kan duwen en dat kan luie hondenbaasjes aantrekken die denken dat het een mirakeloplossing is binnen de wereld van de hondentraining, maar dat is het niet. Het is een instrument dat je correct moet gebruiken als je succes wil boeken.

Uiteraard zijn we ook maar mensen en dus niet onfeilbaar. We kunnen er niet altijd zijn. We hebben ook een sociaal leven, werk, ... We worden afgeleid. Soms merken we iets niet op. Ik beweer niet dat je een perfecte mens moet zijn en arendsogen moet hebben, maar hoe dichter je in de buurt komt van 100% van de tijd de halsband activeren als je hond je mooie schoenen kapotbijt, hoe sneller en makkelijker de les wordt.

Gebruik je de juiste stand?

Weet je nog dat ik zei dat moderne halsbanden enorm veel standen hebben zodanig dat je ze exact kan instellen volgens wat nodig is? Ja. Het is een fantastische functie en ik zou je nooit iets anders aanraden. Het aantal standen varieert per halsband. Sommige hebben maar een paar standen en andere bieden je de mogelijkheid de halsband veel nauwkeuriger in te stellen.

Het instellen van je elektronische halsband op de juiste stand is wellicht het allerbelangrijkste. Dit lijkt misschien evident, maar sommige nieuwe hondenbaasjes denken dat het allemaal zowat op hetzelfde neerkomt en zolang je de knop op het juiste moment indrukt, komt alles wel goed. Nee. Verkeerd. Heel slecht idee. Het is namelijk een beetje zoals wanneer een vriend probeert een frietje van je bord te stelen en je geeft hem een speels tikje op zijn vingers. Goed. Dat mag. Je kan ook een aluminium honkbalknuppel bovenhalen en ermee zwaaien alsof je Babe Ruth bent die een homerun behaalt in de negende inning. Dat zijn duidelijk twee heel verschillende dingen. Een ervan zal je vriend duidelijk maken "helaba, dat zijn mijn frieten" de ander stuurt je vriend naar het ziekenhuis. Het is belangrijk dit verschil te maken.

Even ter verduidelijking: geen enkele elektronische halsband heeft een stand "stuur hond naar het ziekenhuis/de dierenarts". Dat was maar een voorbeeld. Als jouw elektronische halsband die stand wel heeft, koop dan zo snel mogelijk een nieuwe. Wat ik wil zeggen, is dat de stand waarop je begint te trainen met een elektronische halsband cruciaal is. Niemand hier wil zijn hond pijn doen. Niemand hier raakt opgewonden als hij zijn hond pijn doet en als dat wel zo is, verzoek ik je je hond aan iemand te geven die goed voor hem zal zorgen, want dat is echt onaanvaardbaar. Maar op welke stand moet je dan beginnen?

Begin op de laagst mogelijke stand. Ja, zo
simpel is het inderdaad. Begin op de laagste stand en als
dat te laag is, verhoog je die voorzichtig en geleidelijk.
Let op de reactie van je hond, want dat is wat je vertelt
of je de stand moet verhogen of verlagen. Het wordt
aanbevolen dat je de stand gebruikt waarbij je hond de
prikkel opmerkt, maar geen pijn heeft.

Ik las in een artikel dat je hond zijn oren spitst
en/of rondkijkt alsof hij denkt: "wat was dat?" als je de
juiste stand gebruikt. Je hond mag geen, ik herhaal *geen*,
pijn voelen. Als je niet goed weet waarop je moet letten:
een hond die pijn heeft zal piepen, reageren alsof iets
hem heeft verwond, zijn staart tussen zijn poten houden
enz. De optimale stand is niet bedoeld om je hond pijn
te doen. De bedoeling is zijn aandacht te krijgen en
duidelijk te maken dat hij iets verkeerd deed.

De gevoeligheid van honden varieert enorm.
Ik herinner me het verhaal van een hondenbaasje dat
een labrador had. Dat hondenbaasje was geïnteresseerd
in het concept van een elektronische halsband omdat
haar vriend ook een labrador had die aanvankelijk
nogal eigengereid was en moeilijk te trainen, tot ze een
elektronische halsband ging gebruiken. Om een lang
verhaal kort te maken, je raadt het al, de vriend
overhaalde het eerste hondenbaasje het eens te
proberen. Ze hadden tenslotte een hond van hetzelfde
ras, van ongeveer dezelfde leeftijd, dus als het werkte
bij de hond van de vriend, zou het bij haar hond ook wel
werken, toch? Het klinkt best logisch, maar er kwam

bijna onmiddellijk een probleem aan de oppervlakte: niet alle honden zijn hetzelfde, ook al zijn ze hetzelfde ras. Het hondenbaasje deed haar hond een elektronische halsband om en in plaats van te doen wat ik net zei, namelijk op een zo laag mogelijke stand beginnen en het juiste niveau zoeken, ging ze ervan uit dat haar hond genoeg leek op de hond van haar vriend en dat ze gewoon dezelfde stand kon gebruiken. Ze had het helemaal verkeerd voor en tot haar ontzetting bleek haar hond veel gevoeliger voor de halsband, waardoor ze uiteindelijk een veel lagere stand moest gebruiken. De les die dit verhaal ons leert, is dat elke hond zijn eigen unieke gevoeligheid voor de elektronische halsband heeft en dat het voor ieders bestwil is dat je je tijd neemt om de juiste stand te bepalen.

Dit was een lang antwoord, maar dat is omdat het een cruciale vraag was die je heel ernstig moet nemen. Maak je geen zorgen. We zijn bijna aan het gedeelte waarin je alles te weten komt over de beginstand. Vroeger dacht ik altijd dat ik dit stukje niet moest vermelden, maar na wat onderzoek ontdekte ik dat sommige mensen dit echt moeten horen, dus hier gaan we. **Zoek de juiste stand als je hond iets verkeerd doet.** Ga niet willekeurig wanneer op de knop drukken tot het lijkt of je de juiste stand gevonden hebt, waarna je die stand als straf gaat gebruiken, want dit zal je hond compleet in de war brengen en hij zal nooit snappen dat het als straf bedoeld is. Het is trouwens een toestel om te straffen en daar mag je dus niet

nonchalant mee omspringen. Ik wilde dit gewoon even
kwijt voor wie dit nodig had.

HOOFDSTUK 6. HOE TRAIN JE EEN HOND MET EEN ELEKTRONISCHE HALSBAND

Hoera! Je hebt de grote finale bereikt! Het is eigenlijk geen finale, maar het is wel groot en het is de reden waarom velen onder jullie dit boek gekocht hebben: de harde, nuchtere, stap-voor-staptraining. Jij hebt misschien ervaring met de eigenlijke lessen, maar het maakt niet uit. Je hebt de middelen! En, voor we erin vliegen, wil ik iets verduidelijken: je kunt het. Ja, jij daar. Ik ken je niet en ik heb je nooit ontmoet, maar je kunt het. Trainen met een elektronische halsband is bereikbaar en bruikbaar voor iedereen. Je hoeft geen genie te zijn. Je hoeft geen supermens te zijn. En ook al lijkt het misschien ingewikkeld en zorgwekkend, het proces is helemaal niet beangstigend! Het enige wat je absoluut nodig zal hebben is **vertrouwen.** Als je een hond wil trainen die je nog niet kent, breng dan eerst samen wat tijd door om zijn vertrouwen te winnen, anders zal het niet lukken.

Er zijn **drie basisstappen in trainen met een elektronische halsband.** Eerst heb je de **introductiefase**, waarin je je hond laat kennismaken met de elektronische halsband en hem leert waar het allemaal over gaat. Daarna komt de **middenfase**, waarna jij en je hond volledig begrijpen wat er gebeurt en jullie over kunnen gaan naar gevorderde of moeilijker oefeningen. Ten slotte gaan we over naar de **eindfase**, waarin je het geleerde nog kan verfijnen als dat nodig is. In dit hoofdstuk loods ik je doorheen deze drie fases. Als je andere boeken of artikels hebt gelezen, of video's hebt gezien over deze drie stappen, herken je ze misschien, misschien onder een andere naam, maar het principe blijft hetzelfde. Bereid je voor op een lang hoofdstuk!

HOE ZIT HET MET DE INTRODUCTIEFASE?

Je raadde het al! De introductiefase is... de eerste fase! Om je een idee te geven van wat komen zal: je hond heeft geen flauw idee van wat een elektronische halsband is. Hij heeft er nooit een gedragen en weet totaal niet waar jij mee bezig bent.

Wat je nodig zal hebben: je zal een hond nodig hebben, jezelf, een elektronische halsband, een leiband, snoepjes of strelinkjes of iets anders waar je hond blij van wordt en een **vast woord**. Dit is waarschijnlijk wel de leukste fase voor je hond. Je hebt niet veel nodig, alleen geduld en toewijding.

Je **vast woord** zal voor je hond zijn "happywoord" worden. Telkens je het uitspreekt, gebeurt iets leuks: hij krijgt een snoepje, een strelinkje of iets anders dat hij leuk vindt. Je hond moet dit woord graag horen. Je hond is echter een hond en spreekt dus jouw taal niet, dus ook al gaat het technisch gezien om een woord, het kan alles zijn wat je maar wil: van het geluid van een clicker over een simpele "yes" (de populairste keuze), tot de strijdkreet van een mythologisch wezen. Het maakt niet uit, zolang je consequent blijft.

Zo werkt het: ga voor de neus van je hond staan met een snoepje dat hij graag lust in je hand. Gebruik geen volledige kalkoen omdat hij zo graag kalkoen eet. Hou het klein, want je zal dit veel moeten herhalen en je wil niet dat hij verzadigd raakt. Ga dus voor je hond staan en zeg je vast woord luidop. Als voorbeeld zal ik het woord "flink" gebruiken. Roep "flink!" en geef onmiddellijk het snoepje aan je hond. Merk op dat ik onmiddellijk zeg; je hond moet immers weten dat het vaste woord aan het snoepje gelinkt is. Herhaal dit een paar keer. Veel experten raden aan dit tussen de twee en de twaalf keer te herhalen, dus doe dit ergens waar niemand anders in de buurt is, anders raken ze jouw geroep beslist snel beu. In dit deeltje gebruik je nog **geen elektronische halsband.** Het doel hiervan is ervoor te zorgen dat Fido het verband ziet tussen jouw vast woord en de snoepjes.

Daarna maak je het iets moeilijker. De bedoeling van dit deeltje is je hond te leren naar je toe te komen als hij het vaste woord hoort. Voor dit gedeelte zal je **een leiband nodig** hebben, maar je gebruikt nog steeds geen elektronische halsband. Hoe lang moet de leiband zijn? Dat beslis je zelf, maar gebruik best een die minstens drie meter lang is. Als hij veel langer is, zal je in de problemen komen, want ook als je hond echt heel graag naar je toe zal willen komen, maar blijft struikelen over een veel te lange leiband, zal het niet goed lukken. Wacht nu tot je hond tot het einde van de leiband wandelt, dan geef je rukjes aan de leiband tot je hond het merkt **terwijl je "kom" zegt of een ander woord waarmee je je hond bij je wil roepen**, daarna zeg je je vast woord. Het is de bedoeling dat je hond naar je toe komt gelopen en als hij bij je is, beloon je hem met strelinkjes en een snoepje. Weet je nog dat ik zei dat je hond dit leuk zou vinden? Ja. Dit is de reden.

Het kan natuurlijk zijn dat je hond nogal wild is of zoals mijn hond is. Hem trainen was grappig, want hij kwam dan naar me toe gelopen (ik schreef bijna gesprint, maar hij is een buldog, dus het leek meer op waggelen) en halverwege werd hij afgeleid. Geen probleem. Als jouw hond dit doet, geef je de leiband een klein rukje om hem op de goede weg te helpen. Herhaal dit tot het vlot gaat, minstens een paar tientallen keren voor alle zekerheid. Ik bedoel... Minstens een paar tientallen *goede* keren. Als het een paar tientallen keren mislukt, begin dan opnieuw.

Nu is het tijd voor de elektronische halsband.

Het is zover. Haal je mooie, nieuwe elektronische halsband boven, de halsband waaraan je je hond de voorbije periode hebt laten wennen zodat het geen volledig nieuw gevoel is voor hem, de halsband die al op precies de juiste stand is ingesteld zodat je hond het wel merkt, maar geen pijn voelt. Ja, die.

HOW TO WEAR ?

- **Place the collar on the pet's neck,adjust the body and buckle it**
- **The collar should not be too tight. It is best to leave a gap of about 1 inch. It should not be too loose, otherwise it may not work properly.**

Doe je hond de elektronische halsband om. Uiteraard. Maar let erop dat de halsband goed contact maakt met de keel. Ik raad je van ganser harte aan ervoor te zorgen dat niets de juiste positie van de halsband in de weg staat, maar vermijd dat je de sensoren op het strottenhoofd van de hond plaatst (precies in het midden van de onderkant van zijn keel). **Een veelgemaakte fout hier** is de leiband vastmaken aan de elektronische halsband. Dat mag je echt niet doen. Je zal exact dezelfde oefening doen, alleen is de elektronische halsband er nu bijgekomen. Verander verder niets.

Daarna wacht je tot je hond afgeleid raakt. Dan activeer je de halsband, waardoor je hond een gevoel van "wat was dat?" krijgt en niet van "au, mijn keel" zoals al gezegd. Zeg "kom" en wanneer hij naar je kijkt, zeg je je vast woord en beloon je hem als hij naar je toe komt. Dit is letterlijk dezelfde oefening, alleen gebruik je de elektronische halsband samen met het commando "kom". Het grootste verschil is dat je de oefening nu **veel korter** zal doen - **een tiental minuutjes.**

Daarna is het tijd om te spelen! Maak plezier met je hond (zonder elektronische halsband)! Yes!

Blijf op die manier verder trainen. Sommige instructeurs adviseren andere dingen die je aan de oefening toe kan voegen, maar dit is de basis. Er is iets dat ik gelezen heb en dat volgens mij erg belangrijk is, en dat is dat je gewoon stil blijft staan met de elektronische halsband, activeer de halsband en geef je hond een snoepje. Zeg niets. Het activeren betekent dat Fido een snoepje zal krijgen. Doe dit niet constant, maar af en toe, zodat hij leert dat de halsband niet gevaarlijk is, maar zelfs een lekker snoepje kan opleveren.

Wat snoepjes betreft, dit zou evident moeten zijn, maar ik wil het toch vermelden voor de mensen achteraan: **snoepjes hebben enkel effect als je hond**

ze lekker vindt. Ik weet het. Hoe lekker oma's gegrilde asperges ook zijn, je hond zal er niet voor komen aanrennen. Je hond moet de snoepjes die je gebruikt lekker vinden en willen opeten. Om het handig te houden, raad ik aan dat je gewoon een zak snoepjes koopt, maar als je iets anders wil, is dat ook prima - zorg er alleen voor dat het iets is dat je hond wil. En wat als je hond niet zo tuk is op voedsel? Zulke honden bestaan echt. Geen probleem. Beloon hem dan gewoon met strelinkjes en doe verder alles hetzelfde.

Hoelang moet de introductiefase duren? Een tijdje. Je hond is misschien de slimste hond ter wereld, maar toch is het een goed idee om tot een week te wachten. Probeer onder geen enkel beding aan deze fase onderuit te raken. Geef het minstens een paar dagen, want je zal er niet onderuit kunnen. Je zal anders later extra hard moeten werken ter compensatie en een solide basis is cruciaal.

HOE ZIT HET MET DE MIDDENFASE?

Oef! We hebben al een derde achter de rug! Dat was niet zo moeilijk, hé? Wel, ik heb goed en slecht nieuws. Het goede nieuws is dat je een derde van de fases hebt afgewerkt! Het slechte nieuws is dat als je mislukt het nu zal gebeuren. Nu kan het moeilijker worden, want je zal extra factoren toevoegen. Je hond zal verder van je verwijderd zijn, voor langere periodes en met veel meer afleidingen. Hoe kan dit mislopen? Wel, als je dit niet goed doet, **zal je hond niet naar je**

luisteren als hij de elektronische halsband niet draagt. Je zal de overstap moeten maken van trainen met naar trainen zonder elektronische halsband en je zal een paar dingen moeten aanpassen. Klaar? Daar gaan we!

Er zijn **vier combinaties van elektronische halsband en snoepjes/beloning** die we hier gaan gebruiken. En nogmaals, ook al ziet het er wat beangstigend uit, met wat oefenen en een beetje moeite, zal dit zeker lukken.

Eerst gebruiken we **de elektronische halsband met een beloning.** Dit is de combinatie waarmee we al even gewerkt hebben tot nu toe en waarbij je een commando geeft met je handige elektronische halsband en dan een snoepje geeft.

Ten tweede gebruiken we **de elektronische halsband zonder beloning.** Geen fundamenteel verschil, maar je hond zal het minder leuk vinden, want hij krijgt geen snoepje. Hier gebruiken we de elektronische halsband, maar de hond krijgt geen snoepje. In de plaats moet je viervoeter wachten tot je hem vrijlaat en dus het commando opheft.

Dan volgt **geen elektronische halsband met beloning.** Hoera, daar zijn de snoepjes weer! Geef het commando zonder de elektronische halsband, maar geef je hond wel een snoepje als hij doet wat je vraagt.

Ten slotte komen we bij **geen elektronische halsband en geen beloning.** Ah, weer geen snoepje. Deze keer geef je je hond gewoon een commando en hij gehoorzaamt zonder dat een snoepje volgt. Poepsimpel. In theorie.

Nu, een pertinente vraag: **in welke volgorde doe je die combinaties?** En dit is het antwoord: het speelt eigenlijk geen rol. Haal ze dooreen. Laat je gaan. Wees creatief. Wat je eigenlijk doet hier is ervoor zorgen dat je hond zal luisteren naar je met of zonder snoepje en/of elektronische halsband. Het is de bedoeling dat je dit oefent met alle commando's die je hond ondertussen goed moet kennen, zoals "zit", "kom", "vul mijn belastingbrief in" (wacht, nee, die niet) en eventueel andere.

Neem hiervoor je tijd. Weet je nog dat ik zei dat je in deze fase in de problemen kan komen en dat het verkeerd kan lopen? Dat is omdat mensen zich realiseren dat ze hierna nog slechts een fase hebben en ze worden ongeduldig en nemen te weinig tijd voor deze fase en alles loopt mis. Hoelang moet deze fase duren? Wel, hoeveel tijd heb je? In het ideale geval neem je voor deze fase heel veel tijd. Varieer de oefening, verander de afstand, de afleidingen, de duur enz. Verander niets fundamenteels of verander niet te plots en te drastisch, verander kleine dingen en zorg ervoor dat je hond het snapt en dat het lukt voor je verder gaat. Het is geen wedstrijd.

Wat veel hondenbaasjes leuk vinden, is **wandelen.** Wandel rond met je hond. Leer hem hoe hij zich moet gedragen met de vier combinaties die hierboven beschreven staan. Veel eigenaars maken een "structurele" wandeling, wat betekent dat de hond bij hen blijft en niet rondsnuffelt, plast enz. tot hij "vrijgelaten" wordt en mag doen wat hij wil. Even een korte waarschuwing: je hond moet hier klaar voor zijn. Dat is evident, maar **als je hond je negeert als hij aan de leiband wandelt, is het niet het goede moment om hem vrij te laten.** Zelfs als jouw hond een superhond is en alles verloopt vlot, mag je niet denken dat er niets mis kan gaan. Hij blijft tenslotte een levend wezen, wat altijd een zekere mate van onzekerheid inhoudt. Hou een plan B klaar voor het geval er iets misloopt.

Het belangrijkste in de tweede fase, net als in de eerste, is oefenen, oefenen, oefenen.

HOE ZIT HET MET DE LAATSTE FASE?

Joepie! We zijn aan de laatste fase gekomen! Ik zei toch dat het je ging lukken! Elektronische halsbanden brengen vaak veel angst met zich mee, maar dit was helemaal niet zo moeilijk, vind je niet? Misschien was er wat tijd en moeite nodig, maar dat geldt voor elke vorm van training.

Maar, wacht... Wat kan er nog gebeuren in deze laatste fase? We hebben alles al gedaan. Je hebt eindeloos getraind met je hond, je hebt hem alles geleerd, je hebt volgehouden ook als je geduld bijna op was en je hebt geoefend, geoefend, geoefend. Dit is het goede nieuws en de reden waarom deze fase zo verdacht kort lijkt in vergelijking met de eerste twee: **het werk is af.** Hier verandert niets meer. Je voegt niets nieuws toe, want dat had je in de vorige fase al moeten doen.

Hoe kan je weten of je echt klaar bent voor de laatste fase?

Je kan je hond vertrouwen als hij losloopt. Dit is ongelooflijk belangrijk. Als je hond onmiddellijk achter dat konijn aan begint te rennen als je de leiband verwijdert, dan is er meer werk nodig. Als je hond de training onthoudt en altijd gehoorzaamt, dan is dat fantastisch!

Je hond reageert op je commando's. Dit is simpel, maar als je hond nog niet altijd naar je luistert, dan is er meer werk nodig.

Je hond begrijpt de elektronische halsband en is er niet bang voor. Je hond hoeft helemaal niet bang te zijn. Je hond moet je vertrouwen. Als dat niet het geval is, is er veel meer werk nodig om jullie band te herstellen.

BEN JE KLAAR VOOR EEN TEST?

Tijd voor een quiz! Stop al je elektronische apparaten weg, neem een vel papier en een potlood en hou je klaar voor een test! Dit is de enige vraag: **is je hond perfect?**

Denk er goed over na. Beantwoord de vraag. Schrijf het antwoord op het vel papier. Potloden neer!

Als het antwoord op je vel papier niet "nee" is, is een elektronische halsband wellicht een slechte keuze voor jou. Mijn hond is perfect voor mij. Hij is schattig en lief en aanhankelijk en grappig. Maar hij is, letterlijk, niet perfect. Hij is heel goed getraind, maar ik kan en mag nooit veronderstellen dat hij zich perfect zal gedragen onder alle omstandigheden. **Geen enkele hond, hoe goed getraind hij ook is, is altijd en overal te vertrouwen.** Negenduizend negenhonderdnegenennegentig keer na elkaar zal je hond een perfect engeltje zijn, maar misschien gebeurt er net iets eigenaardigs die laatste keer. Als ik slechts een advies mocht geven in dit volledige boek, dan zou het dit zijn: **WEES VOORBEREID OP IETS DAT JE NIET VERWACHT.** Het is het risico gewoon niet waard wanneer het leven van je hond of van iemand anders afhangt van jouw voorbereid zijn op "wat als"-situaties. Elektronische halsbanden zijn fantastisch, maar ze kunnen niet alles onder controle houden. Je moet voorbereid zijn, zelfs als je een ervaren trainer bent en je hond is goed opgevoed en getraind.

HOOFDSTUK 7. VEELGESTELDE VRAGEN EN ANTWOORDEN

In theorie heb je dit boekje helemaal gelezen en misschien heb je nog vragen. Ik zal je proberen antwoorden te geven. Het zal een beetje moeilijk worden aangezien we elkaar nog nooit ontmoet hebben en ik dus eigenlijk niet kan weten wat je zou kunnen vragen, maar er zijn een paar dingen waar je misschien nieuwsgierig naar bent en die niet aan bod kwamen in dit boek. Oké? Oké.

IS TRAINEN MET EEN ELEKTRONISCHE HALSBAND MOEILIJK?

Nee. Trainen met een elektronische halsband kan veel eenvoudiger zijn dan andere trainingsvormen; het hangt af van jouw hond en jezelf. Trainen met een elektronische halsband zou efficiënt en toegankelijk moeten zijn. Elke verantwoordelijke hondeneigenaar met wat hersenen, een beetje geduld en liefde voor zijn hond kan het. Met sommige honden zal het langer duren dan met andere. Dat is helemaal normaal en je moet er wat geluk mee hebben. Met sommige honden duurt de training een eeuwigheid. Andere snappen het meteen, zelfs binnen hetzelfde ras. Over het algemeen is elektronischehalsbandtraining echter niet moeilijker dan veel andere vormen van training en, zoals ik al zei, kan je prima resultaten boeken als je het correct doet.

KAN IK GEWOON EEN ELEKTRONISCHE HALSBAND GEBRUIKEN.

Met andere woorden, kan je gewoon een elektronische halsband gebruiken zonder enige andere soort training? **Ja, maar dat is geen goed idee.** Elektronische halsbanden werken best als je ze combineert met bijvoorbeeld snoepjes. Ik las ergens dat de elektronische halsband nooit als trainingsmethode gebruikt mag worden. Een hond train je met motivatie. Een elektronische halsband is slechts een manier om hem te motiveren, maar alleen een elektronische halsband gebruiken is veel minder effectief of leuk voor beide partijen dan trainen met snoepjes en andere beloningen. Dat kon je al lezen in het vorige hoofdstuk.

WAT ALS HET VERKEERD LOOPT?

In theorie kan het dat een hond niet normaal reageert op een elektronische halsband, maar dat gebeurt niet vaak. Misschien haat hij de halsband. Misschien is hij er bang voor of panikeert hij. Misschien verandert zijn persoonlijkheid als hij de halsband voelt. Er zijn duizenden "misschiens", vele heb ik al besproken in dit boek, maar als de training niet loopt zoals het moet, raad ik je beslist aan bij **een professional te rade te gaan.** Ik heb het al gezegd en herhaal het nog eens:

professionals zijn je vriend en mensen die honden trainen, houden van honden en weten waarover ze spreken. Ze zullen je willen helpen, dus als iets verkeerd lijkt te lopen, negeer dan je gevoel niet. Zoek een oplossing. Je kan natuurlijk altijd tegenslag hebben. Het kan dat je hond niet altijd begrijpt wat van hem verwacht wordt, of dat je de verkeerde snoepjes gekocht hebt. Dat zijn leermomenten. Maar als iets echt verkeerd aanvoelt, forceer dan niets. Het mag geen negatieve ervaring zijn. Het moet gezond, positief en effectief zijn.

Wat als ik me geen goed merk kan veroorloven?

Ik kan dit niet genoeg benadrukken. **Koop een goede elektronische halsband.** Ga voor een goed merk, dat is de enige juiste manier. Trek op onderzoek, zoek uit wat je nodig hebt en als je je niet meteen een elektronische halsband kan veroorloven, maak je dan geen zorgen. Misschien is het tijd om je huur te betalen, je moet je auto afbetalen en je kan je echt geen dure halsband veroorloven terwijl er bestaan die even goed werken. Wees niet te zuinig. De potentiële nadelen van een slechte elektronische halsband zijn het echt niet waard. Spaar gewoon tot je er een kan kopen of ga naar je plaatselijke dierenwinkel en vraag of je er een kan huren. Wees niet zuinig want je zal het later duur betalen!

Is mijn hond geschikt voor een elektronische halsband?

Eerlijk? Ik heb er geen flauw idee van, en jij ook niet. Verschillende temperamenten kunnen je verrassen. Weet je nog dat ik zei dat nerveuze honden soms beter presteren dan andere honden? Ik weet het, het klinkt helemaal niet logisch, maar toch is het zo. Honden reageren elk op hun manier op een elektronische halsband en ik zou kunnen blijven doorbomen over persoonlijkheidstypes en rassen, maar **de enige manier om te weten te komen of je hond een goede kandidaat is, is het proberen.** Uiteraard moet je voordien zeker zijn van een paar dingen, zoals: is hij oud en groot genoeg om veilig te trainen met een elektronische halsband.

Waarom mag ik de elektronische jachthalsband van mijn opa niet gebruiken?

Oudere elektronische halsbanden zijn minder betrouwbaar dan de modernere en ze hebben veel minder mogelijkheden. Een van de grootste verschillen tussen een antieke elektronische halsband en een moderne zijn de standen, het verschil is ongelooflijk groot. De oude halsbanden werden oorspronkelijk gemaakt voor jachthonden, ze waren dus ontworpen met een compleet ander doel voor ogen.

Als je hond de vervelende gewoonte heeft everzwijnen aan te vallen en daarbij ernstig gewond te raken, dan wil je allicht dat de schok die je toedient zwaar en zelfs pijnlijk is, zodat het duidelijk is voor je hond dat everzwijnen gigantische, gevaarlijke dieren zijn, voor hij ernstig gewond raakt (dat was de logica erachter). Helaas kan ik deze halsbanden dus echt niet aanraden, aangezien ze meestal veel sterker en onstabieler zijn en bovendien, wie weet wat er allemaal mee gebeurd is terwijl de jachthalsband van je opa de voorbije dertig jaar in de garage lag. Het gaat om veiligheid. Ik werk niet voor producenten van elektronische halsbanden of zo. Het interesseert me helemaal niet welke je koopt, zorg er alleen voor dat je de juiste koopt en dat je veilig traint.

IS TRAINEN MET EEN ELEKTRONISCHE HALSBAND DUUR?

Nog een vraag die ik onmogelijk kan beantwoorden, maar om het kort te houden: **nee.** Trainen met een elektronische halsband kost wel veel tijd, maar je hoeft je geen zorgen te maken om je portefeuille. Het duurste van de hele zaak is de halsband zelf. Je zal ook snoepjes nodig hebben, maar die zijn erg goedkoop, veel geduld (maar dat geldt voor elke training) en misschien lessen als je je daardoor meer op je gemak voelt om een elektronische halsband te gebruiken. Over het algemeen is het antwoord dus nee. Het enige wat wat zal kosten is de halsband, maar een

goede halsband gaat erg lang mee. Het is de bedoeling
dat je hem kan blijven gebruiken.

GAAN MENSEN ME HATEN?

Herinner je je dat ik het hiervoor al had over of je
hond je zou gaan haten als je een elektronische
halsband gebruikt? Ja? Oké, wel, dit is een andere, maar
erg belangrijke vraag: gaan je medemensen je haten? Je
weet dat er veel stigma, mythes en slechte vooroordelen
bestaan over trainen met een elektronische halsband,
erg veel. Gaan mensen je veroordelen omdat je een
elektronische halsband gebruikt? Misschien. En dan
nog... Je hebt niets met hen te maken. Als je een goed
geïnformeerde hondeneigenaar bent en je beslist geen
elektronische halsband te gebruiken, geen probleem.
Als je een goed geïnformeerde hondeneigenaar bent en
je beslist wel een elektronische halsband te gebruiken,
geen probleem. Het belangrijkste is dat je het beste
probeert te doen voor je hond op basis van feiten en
niet van mythes die gebaseerd zijn op paranoia en
angst. Misschien gaan sommige mensen daar kwaad om
worden, maar ik zal eerlijk zijn: **andere mensen doen
er niet toe als je je hond traint**, want zij zijn niet
verantwoordelijk als de training slecht aangepakt wordt
en er gebeurt iets negatiefs. Ik ken iemand die
driegangenmenu's kookt, op de grond gaat liggen en
zijn honden driemaal per dag voedert met een gouden
lepel (dit is geen grap). Die persoon zou zeker vinden
dat trainen met een elektronische halsband

verschrikkelijk is, maar zijn honden zijn wild en onhandelbaar en de baas in huis. Is hij daardoor slecht of gemeen of wreed? Nee, tuurlijk niet. Hij heeft gewoon een verschillende ideologie. We zitten allemaal in hetzelfde schuitje. We willen allemaal het beste voor onze hond, maar soms staan angst en verkeerde informatie dit in de weg en het is nu eenmaal zo dat zo'n gevoelig onderwerp waar elk hondenbaasje mee bezig is, tot discussies kan leiden.

HOOFDSTUK 8. CONCLUSIES

Zo, het zit er bijna op. Het einde van het boek is in zicht. We hebben een leuke tijd gehad, of ik toch alleszins toen ik het boek schreef. Ik zal jullie missen. Gelukkig moeten we nog niet meteen afscheid nemen. We hebben heel wat belangrijke aspecten besproken van trainen met een elektronische halsband. Je bent voorbereid om je hond te trainen met een elektronische halsband, of toch ten minste goed ingelicht over de voor- en nadelen en de algemene tactiek. Misschien heb je dit boek gelezen omdat je meer wilde weten over elektronische halsbanden omdat je er ooit een wilde gebruiken. Of misschien ben je geen voorstander van elektronische halsbanden en wilde je de andere kant ervan leren kennen. Misschien ben je gewoon nieuwsgierig. Wat de reden ook is, je bent hier nu beland en ik hoop dat je iets hebt bijgeleerd.

Je kan het beslist. Ik twijfel er geen moment aan dat je in staat bent om een hond te trainen met een elektronische halsband als je dat wil. Ondanks wat veel angsthazen beweren op basis van voorbijgestreefde informatie en veronderstellingen is een moderne elektronische halsband een gezond instrument dat de band tussen een hond en zijn baasje kan versterken, dat een hond iets kan leren op een gezonde, verantwoordelijke manier en dat hondentrainers in het algemeen kan helpen. Bij verkeerd gebruik kan elke vorm van training misbruikt worden.

Ik wens je heel veel geluk met het trainen van je hond.

OVER DE AUTEUR

Jack E. Garretson is een expert in hondenveiligheid en -levensstijl, dierenliefhebber en lesgever. Hij is enthousiast over alle soorten studies over dieren en professioneel lid van sommige van de hoogst aangeschreven internationale verenigingen rond dierengedrag en mens-dierinteractie. Hij werkt mee aan verschillende projecten wereldwijd over dierengedrag, dierlijke cognitie, opleiding, redden van dieren en "compassionate conservation" (een interdisciplinair gebied dat opkomt voor het respectvol, eerlijk en meelevend behandelen van alle fauna). Jack deed kennis op van de beste hondentrainers ter wereld in video's, heeft ervaring opgedaan in het Canine College en op seminaries, en als hondentrainer heeft hij alles bereikt wat mogelijk is.

Als je ooit problemen hebt gehad als je je hond trainde, dan is Jack er om je te helpen. Als je de perfecte puppy wil via een speelse training die echt werkt, dan ben je hier aan het juiste adres. Als je je droomhond wil vormen zonder hem steeds te moeten straffen, welkom!